AF141978

D'« ALEPH » À « A »

Petite histoire de l'écriture vers l'imprimerie

Jean ETIENNE

© 2022, Jean ETIENNE
Édition : BoD – Books on Demand, info@bod.fr
Impression : BoD – Books on Demand,
In de Tarpen 42, Norderstedt (Allemagne)
Impression à la demande
ISBN : 978-2-3224-6092-2
Dépôt légal : Octobre 2022

Le code de la propriété intellectuelle n'autorisant, aux termes des paragraphes 2 et 3 de l'article L. 122-5, d'une part, que les « copies ou reproduction strictement réservées à l'usage privé du copiste et non destinées à une utilisation collective » et, d'autre part, sous réserve du nom de l'auteur et de la source, que les « analyses et les courtes citations justifiées par le caractère critique, polémique, pédagogique, scientifique ou d'information », toute représentation ou reproduction intégrale ou partielle, faite sans le consentement de l'auteur ou de ses ayants droit ou ayants cause, est illicite (article L. 122-4). cette représentation ou reproduction, par quelque procédé que ce soit, constituerait donc une contrefaçon sanctionnée par les articles L.335-2 et suivants du code de la propriété intellectuelle.

Pour ce présent ouvrage, je ne saurais que trop remercier en tout premier lieu, pour son attention toujours bienveillante et ses remarques parfois justifiées, ma très chère amie Mireille.

Sans oublier Cécile pour ses encouragements et ses retours correctifs.

Et enfin ma chère et tendre fiancée qui me supporte depuis tant d'années.

Pendant des millénaires, depuis l'apparition des différentes d'écritures, celles-ci étaient manuscrites. La main était l'outil principal du scripteur, il n'existait pas de machine capable de les reproduire.

Ce livre n'a pas la prétention de l'exhaustivité. D'autres s'en sont chargés. Toutefois, il a le mérite de présenter clairement comment on en est arrivé à imprimer des livres.

Dans un premier temps, nous essayons de répondre à une question : quels chemins et quelle Histoire ont suivi les écritures jusqu'à la bascule (la rupture) de l'invention de l'imprimerie.

Dans un deuxième temps nous verrons le travail de quelques graveurs de lettres de la renaissance.

Pour montrer, dans une ultime partie, l'exemple d'une symbolique des lettres, afin de donner ensuite une interprétation toute personnelle sur ce sujet.

SOMMAIRE

NAISSANCE DES ÉCRITURES

Bien avant l'émergence des différentes civilisations humaines, les hommes ont eu besoin de laisser des traces de leurs idées ou de leurs activités. Les grottes préhistoriques nous l'indiquent parfaitement en montrant des dessins d'animaux, de plantes ou des scènes de chasse. On peut parler dans certains cas de proto-écriture. Elle sont appelées ainsi parce qu'elles étaient utilisées pour la transmission d'informations ou de connaissances et non comme illustrations.

À partir du moment où il s'est sédentarisé ou bien à vécu dans une société organisée, avec pour corollaire une partition des tâches nécessaires au maintien et à la préservation de la vie, est aussi apparu le besoin de formaliser et séculariser les échanges des différentes productions, tant agricoles qu'artisanales. En passant de parcelles vivrières (plantes et animaux) à des champs, des étables et des prairies, les hommes étaient potentiellement en capacité de produire des surplus vendables ou échangeables. De plus, au fur et à mesure que grandissait la civilisation, ces échanges, ce commerce, pouvaient se faire sur des distances de plus en plus importantes. La parole ne pouvait suffire pour assurer la sérénité et la sécurité des transactions. Il fallu donc inventer un moyen, un artifice permettant de dire à une personne absente ou éloignée : « il y a là dix moutons et quatre sacs de blé ». Pour répondre à cette contrainte, il fallait nécessairement un support et un média. Les tablettes d'argiles sumériennes, entre autres, allaient être un instrument très pertinent.

Il y eut aussi le besoin d'inscrire les mythes fondateurs ainsi que l'histoire des dirigeants en tant que mémoire(s) collective(s), généralement en les gravant sur des bâtiments en leur honneur ou en leur gloire, présente ou posthume. Pour cela les temples babyloniens ou égyptiens illustrent parfaitement ce souci. Ce sont là les deux aspects principaux de la naissance des écritures.

Gérer les administrations de la collectivité généralement sédentarisée, compter et représenter les choses ainsi que les hommes de manière formelle par des symboles ou des caractères graphiques représentant ces choses ou ces idées, autrement dit les idéogrammes, a été la première forme d'écriture qui a ensuite évolué pour arriver, en ce qui nous concerne, à l'alphabet.

Une langue sera traduite par écrit de différentes manières en fonction de ce que l'on fera des mots utilisés. Ils seront soit dessinés, soit stylisés, ou n'auront plus aucun rapport avec leur image ou leur idées, ils seront une représentation de leur sonorité, ou un mélange de tout cela. On peut classer les systèmes d'écriture en fonction de ces types d'écriture.

A) **Système logographique** : dans lequel il n'y a pas de lien entre l'écriture, le signe dessiné, et la prononciation. Chaque signe a sa signification propre, appelé aussi idéogramme, et il est actuellement, d'un point de vue graphique, la résultante de son évolution historique. On trouve aujourd'hui essentiellement le *chinois* et le *japonais*. Les écritures disparues sont, pour les plus connues : le *cunéiforme* (qui fut adopté par des langues différentes comme l'*akkadien* et le *hittite*), le *maya* ou encore l'*égyptien*. Ce système nécessite un nombre important de signes. Car, en plus de la représentation de l'objet, il faut aussi signifier l'action ou l'idée. Il n'en est donc que plus difficile à maîtriser.

Toutefois, le chinois et le japonais, par exemple, disposent de signes reprenant des sonorités permettant de traduire les mots importés.

Aa) <u>Sumer</u> : « Au commencement était le verbe » nous dit la bible. Celle-ci situe le jardin d'Éden entre le Tigre et l'Euphrate. C'est le lieu de naissance de notre humanité culturelle il y a quelque 5770 ans selon la tradition hébraïque. C'est justement là qu'est né le premier système d'écriture, le cunéiforme, entre le IVème et le IIIème millénaire avant notre ère. Si le terme signifie, en grec, « en forme de coin », c'est parce que les premières traces d'écriture découvertes par les archéologues avaient cette forme caractéristique. Elle n'est qu'une évolution tardive du système originel.

Avant cela, cette écriture était formée de dessins ou

de pictogrammes représentant de manière schématique les éléments de la vie, de la nature et de ce qui la composent. Ces signes évoluèrent vers une abstraction où il devint impossible de retrouver la forme originale.

Inventée par les Sumériens, elle a été largement diffusée puis adoptée par les peuples alentours afin de transcrire leur propre dialecte. En particulier les Akkadiens qui, au contraire des Sumériens, parlaient une langue sémitique. Par conséquent, un système d'écriture n'est pas lié à une langue, il peut être utilisé par des langues appartenant à des civilisations d'origines différentes .

1- cunéiforme primitif   2- cunéiforme tardif

3- Maya

Ab) <u>Égypte</u> : C'est le deuxième foyer d'émergence d'une écriture non-alphabétique de l'ancien monde, les hiéroglyphes. Du grec « hiéros » : sacré et de « glyphein » : graver. La plus ancienne trace date du début de IIIème millénaire.

Elle avait un caractère sacré, telle une offrande aux dieux C'était une écriture de mot, de représentation. Par la suite, elle évolua en ayant des signes qui notaient des sons. Elle mélangeait le principe consonantique avec le principe idéographique. Elle ne varia guère durant toute sa période d'utilisation jusqu'au IIIème-Vème siècle de notre ère. Si ce n'est qu'elle s'est stylisée en « hiératique », utilisée surtout par les prêtres, puis en « démotique », plus accessible pour le peuple.

Il est à noter que, contrairement au cunéiforme, les hiéroglyphes n'ont pas voyagé et n'ont pas été utilisés ailleurs qu'en Égypte.

 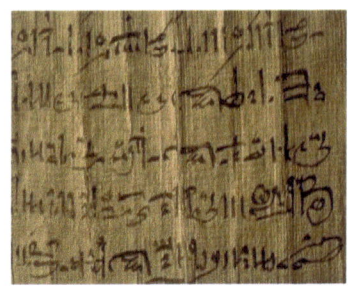

4- Hiéroglyphe   5- Hiératique

6- Démotique

Ac) <u>Chine</u> : elle représente une grande importance du fait de la quantité de locuteurs et de scripteurs. Sa première forme d'écriture est attestée dès le XIVème siècle av.J.C. Elle a, au départ, une fonction mystique. Des devins gravaient à l'aide de fers chauds des carapaces de tortues afin de pouvoir les interpréter. On a dénombré plus de 4600 graphies. Au IIIème siècle av.J.C, suite à l'unification de la Chine, il fut demandé une simplification en fixant 3000 signes. Aujourd'hui, on en compte plus de 55000.

7- chinois primitif

B) **Système syllabique** : les signes écrits représentent des sons (ma, tu, for, etc), des phonèmes en termes techniques. Il en faut plusieurs dizaines pour transcrire la parole. On trouve, entre autres, le *linéaire B*, écriture mycénienne, forme archaïque du grec ancien qui comprenait environ 87 signes ; le *inuktitut*, système utilisé par les autochtones canadiens ; le *cherokee*, en Amérique du nord.

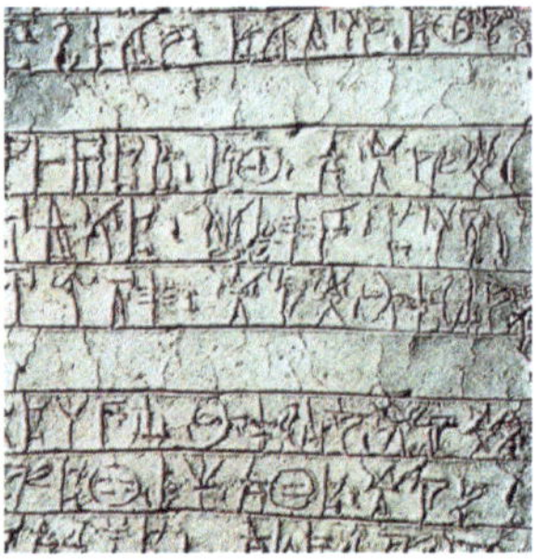

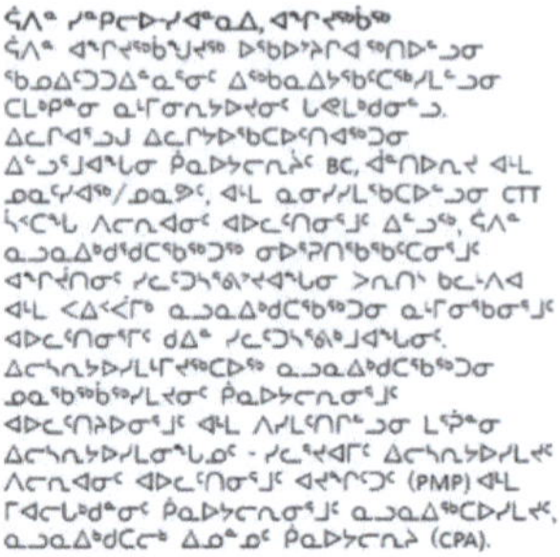

8- Linéaire B

9- Inuktitut

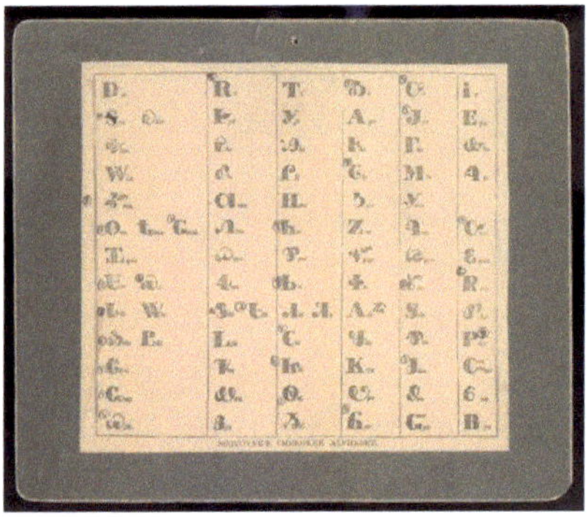

10- cherokee

C) **<u>Système semi-syllabique ou Abugida</u>** : comme son nom l'indique, il est un mélange d'alphabet et de syllabes, chacun traduisant une sonorité. On le trouve surtout en Asie avec le *devanogari (*qui permet d'écrire le *sanskrit,* l'*hindi* ou le *népalais)* , le *tamoul* ou encore le *thaî.*

11- Devanogari   12- Tamoul

D) **Alphabet consonantique ou Abjad** : dans cet alphabet n'apparaissent pas les voyelles, uniquement les consonnes. Des signes diacritiques (qui distinguent) sont ajoutés aux lettres afin de faciliter l'apprentissage (un professeur d'hébreu me disait qu'il faisait « l'économie » des voyelles) puis disparaissent quand l'écrit est maîtrisé. Le classement se fait par racines consonantiques. Par exemple : « kfr » pour « kafir » et ses dérivés. On trouve donc l'*hébreu* ainsi que l'*arabe*.

ا ب ت ث ج ح خ
د ذ ر ز س ش ص
ض ط ظ ع غ ف ق
ك ل م ن ه و ي

13- Hébreu   14- Arabe

E) **Alphabet** : où chaque signe, ou une combinaison de signes, est la représentation d'un son. On trouve l'alphabet *romain* (que l'on verra en détail plus loin), le *cyrillique* (fig. 15), le *grec* (fig. 16), l'*arménien* (fig. 17), le *géorgien* (fig. 18), l'*hangeul* (fig. 19), pour le coréen moderne) ou encore l'*ogham* (fig. 20), utilisé du VIème au XIème siècle en Irlande.

А Б В Г Д Е
Ё Ж З И Й К
Л М Н О П Р
С Т У Ф Х Ц
Ч Ш Щ Ъ Ы Ь
Э Ю Я

Αα Ββ Χχ Δδ
Εε Φφ Γγ Ηη Ιι
ως Κκ Λλ Μμ
Νν Οο Ππ Θθ
Ρρ Σσ Ττ Υυ ηα
Ωω Ξξ Ψψ Ζζ

15- cyrillique   16- grec

Ա Բ Գ Դ Ե Զ Է
Ը Թ Ժ Ի Լ Խ Ծ
Կ Հ Ձ Ղ Ճ Մ Յ
Ն Շ Ո Չ Պ Ջ Ռ
Ս Վ Տ Ր Ց Ւ Փ
Ք Ֆ Օ Ֆ

ა ბ გ დ ე ვ ზ თ ი კ
ლ მ ნ ო პ ჟ რ ს ტ
უ ფ ქ ღ ყ შ ჩ ც ძ
1 2 3 4 5 6 7 8 9 0

17- arménien

18- géorgien

19- hangeul

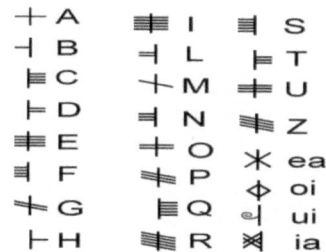

20- hogam

Il existait aussi l'*ougarit* (une ville de Syrie) qui traduisait une langue sémitique cananéenne, (cf infra).

F) **Proto-écriture** : Ce sont les écritures d'avant l'écriture, elles ne sont pas considérées comme telle mais elles le sont presque. On peut raisonnablement penser qu'elles ont une signification, elles ne sont pas de l'art ou un simple dessin. Elles ne peuvent donc pas correspondre à aucune des catégories ci-dessus mais elles étaient néanmoins des instruments de communication institutionnels. Il y a, par exemple, les découvertes sur le site de *Jiahu* en chine montrant des inscriptions datant de -6600 av.J.C ; ou bien la culture de *Vinca* dans les Balkans, de -5300 av.J.C ; ainsi que la civilisation de la vallée de l'*Indus* au Pakistan actuel, de -3500 av.J.C ; ou encore le *Nsibidi* au Nigeria du Vème ap.J.C.

21- Vinca

22- indus

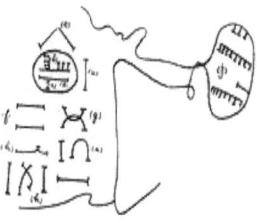

23- Nsibidi

LES ÉCRITURES ALPHABÉTIQUES

Se sont les écritures qui transcrivent les sons en les décomposant dans leur plus brève expression. Leur combinaison formant un mot.

A) **Ougarit**

Ougarit est une ancienne cité du Proche-Orient, située dans l'actuelle Ras Shamra, le « cap du fenouil », au nord de Lattaquié, en Syrie. Cette capitale de l'ancien royaume homonyme était au débouché d'une route qui joignait la Méditerranée au bassin mésopotamien, entre l'Empire Hittite au nord et la sphère d'influence égyptienne au sud. Une position géographique privilégiée pour le commerce maritime, car il s'agit du seul port du littoral nord de la Syrie, entre Byblos et la Cicilie. Sans doute en activité dès 4000 av.J.C et disparue vers 1200 av.J.C, elle connaît son apogée au tournant du IIème millénaire av.J.C.

Cette cité présente un intérêt particulier parce qu'elle a inventé un alphabet consonantique spécifique à partir des caractères cunéiformes.

Ville commerciale et très cosmopolite, on y a trouvé des documents dans huit langues et quatre écritures différentes. On est ainsi en présence de l'*ougaritique*, noté en alphabet spécifiquement formé à partir de caractères cunéiformes, de l'*akkadien*, du *sumérien*, du *hittite* et du *hourite*, écrits en cunéiforme traditionnel, de l'*égyptien*, en hiéroglyphes, du *chypro-minoén*, écrit dans son propre syllabaire, et du *louvite*, en hiéroglyphes hittite.

Dans la pratique, les actes administratifs, ainsi que la correspondance locale étaient majoritairement écrits en *ougaritique*, et un peu en *akkadien*. Les textes traitant des affaires internationales étaient rédigés exclusivement en *akkadien*, langue diplomatique de l'époque, aussi employé dans le domaine judiciaire.

ʔa	b	g	ḫ (x)	d	h
w	z	ḥ (ħ)	ṭ	y	k
š	l	m	ḏ (ð)	n	ẓ (θ)
s	ʕ	p	ṣ	q	r
ṯ (θ)	ġ (ɣ)	t	ʔi	ʔu	s₂

24- Ougaritique

B) **Le protosinaïtique**

S'il est admis que des formes d'écritures ont pu apparaître à des époques et en des lieux différents, il semble bien que l'alphabet ait une origine unique et qu'il constitue une invention sémitique née au alentour du XXème siècle avant notre ère dans une région qui correspond aujourd'hui au Moyen-Orient, de la Syrie au Sinaï. Où se trouvent les civilisations égyptienne et akkadienne, entre les hiéroglyphes et le cunéiforme. Les langues qui y sont parlées sont sémitiques. L'hébreu et l'arabe en ont conservé la structure grammaticale, la syntaxe, ainsi que le vocabulaire.

On parlera d'écriture et d'alphabet protosinaïtique, mais aussi protocananéen, en fonction des sites de fouilles. Il est le plus ancien à avoir été découvert mais il est surtout à l'origine de nombreux alphabets et en particulier du nôtre, celui que vous lisez en ce moment, le romain.

On trouve trois sites particuliers qui ont fondés, grâce aux découvertes faites, les théories de l'apparition de l'alphabet :

- Lakish, ville à une quarantaine de kilomètres au sud-ouest de Jérusalem, XXème av.J.C.

- Wadi el-hol, sur une route militaire entre Thèbes et Abydos, daté de -2065 à -1735.

- Sarabit al khadim, dans le sud-ouest de la péninsule du Sinaï, daté de -1525 à -1475.

Les recherches archéologiques ont pu montrer qu'il ne pouvait pas être assimilé à un système syllabique car il ne comportait que vingt-trois signes distincts. Il est aussi raisonnable de penser qu'il a en partie pour origine des hiéroglyphes égyptiens. En effet, plus de la moitié de ses signes peuvent être mis en relation avec leur prototype égyptien. Certains chercheurs estiment d'ailleurs qu'il ne s'agit que d'un syllabaire dégénéré où chaque symbole représente une consonne suivie d'une voyelle quelconque, ce qui correspond de fait à un adjab (alphabet consonantique). Certains auteurs pense que le démotique égyptien a profondément influencé les caractères de l'alphabet protosinaïtique. Cela n'est pas possible, le démotique apparaissant vers le VIème siècle av.J.C.

Un scénario a été proposé pour expliquer la naissance de ces inscriptions et donc de cet alphabet. Des soldats étaient souvent présents dans le désert, sur les routes marchandes. Ces mercenaires orientaux, et souvent sémites, enrôlés dans l'armée étaient généralement étrangers aux hiéroglyphes. Sauf en la trentaine de signes phonétiques servant à l'écriture des noms étrangers qui auraient probablement servi à écrire leurs propres noms. Le besoin faisait la nécessité.

Mais cette proposition est fortement sujette à caution et très hypothétique. Mais néanmoins jolie.

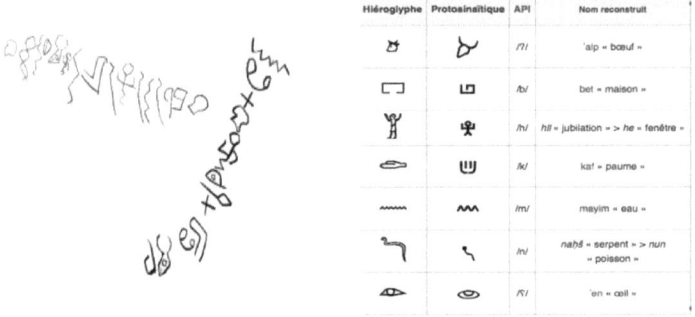

25- Inscriptions de Wadi el-hol   26- Correspondance

24

Cette invention n'allait pas en rester là. Mais surtout, sa simplicité était en rupture avec les systèmes existants dans son aire d'utilisation. Elle allait voyager et être adoptée par nombre de populations méditerranéennes et, au-delà, par la faveur de leur essor tant commercial que culturel ou religieux.

C'est ainsi qu'elle a été utilisée successivement par les Cananéens, les Phéniciens, les Grecs et les Romains pour la fin du voyage qui nous intéresse.

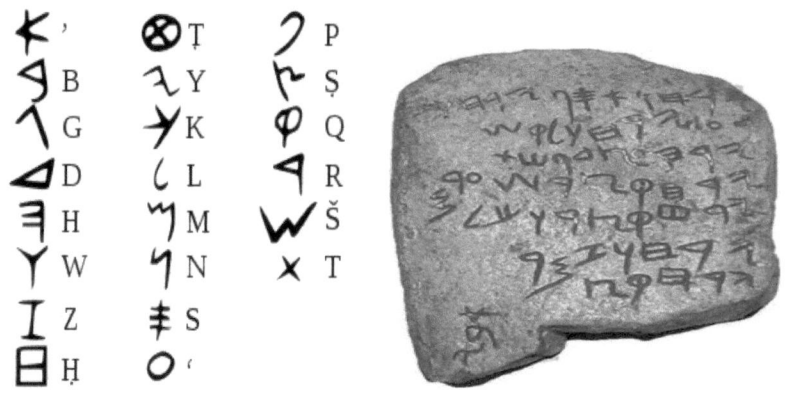

27- Alphabet phénicien

alpha	beta	gamma	delta	epsilon	digamma	zeta
Aα Aa	Bβ Bb	Γγ Gg	Δδ Dd	Eε Ee	ϙ ?	Zζ Zz

eta	theta	iota	kappa	lamda	mu	nu
Hη E/Hh	Θθ th	Iι Ii	Kκ Kk	Λλ Ll	Mμ Mm	Nν Nn

xi	omicron	pi	rho	sigma	tau
Ξξ Oo	Oo Pp	Ππ Rr	Pρ Ss	Σσ(ς) Tt	Ττ Uu

upsilon	phi	chi	psi	omega	sampi
Υυ Uu	Φφ ph	Χχ ch	Ψψ ps	Ωω O/Ww	ϡ ?

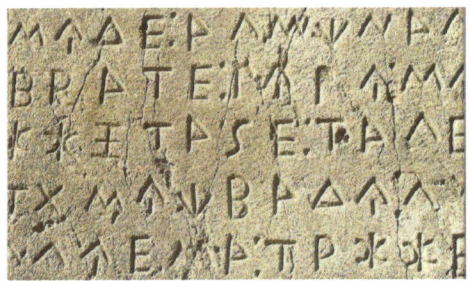

28- Alphabet grec

C) Le voyage de l'alphabet

La première population à utiliser, en le modifiant, l'alphabet proto-sinaïque était les Phéniciens. On hésite à l'appeler civilisation car il s'agissait plutôt de cités-États assez indépendantes les unes des autres, même s'il existait entre elles de forts liens culturels et commerciaux. Elles se situaient sur la façade méditerranéenne du Proche-Orient, sur la côte qui va de la Syrie à Gaza. Les principales cités étaient Byblos, Sidon, Tyr ou encore Arwad. Elle connu son apogée entre 1200 et 300 AJC.

On sait que les Phéniciens utilisaient un alphabet depuis au moins l'an 1000 AJC par les fouilles sur un site à Byblos où fut exhumé le sarcophage d'Ahiram, roi phénicien.

29- Inscriptions sur le sarcophage d'Ahiram

Il ne comporte que 22 lettres. C'est un système phonétique, simple et compréhensible par tous. Il ne note que les consonnes. Il est basé sur le principe de l'acrophonie. C'est-à-dire qu'il note les sons de la représentation simplifiée d'un objet dont le nom commence par ce son. Ainsi, pour noter « m » (attention, ne pas prononcer « ème » mais faire le son avec les lèvres fermées) on utilise le signe symbolisant l'eau, qui se dit « mayim », et l'on décide par convention que, toutes les fois que l'on rencontrera ce signe, il ne s'agira pas de «l'eau », mais seulement du premier son de ce mot. Reprenez le « m » comme précédemment , ajoutez un « a » à votre son et vous direz « ma », c'est ainsi qu'on apprend la lecture au cours préparatoire par la méthode syllabique classique.

Cet alphabet a commencé à se répandre dans son aire géographique à partir de la ville de Tyr par les marchands, les caravaniers ou les marins. L'écriture phénicienne a donné naissance à l'alphabet grec qui est lui-même à l'origine de l'alphabet cyrillique utilisé en Europe orientale et dans toute l'Asie russe. Et, par l'intermédiaire de l'étrusque, il a permis la création de l'alphabet latin, qui, porté par les Européens de l'Ouest s'est développé dans le monde entier. Mais il a aussi donné naissance à l'alphabet araméen qui est lui-même la source de l'alphabet hébreu, dit « carré », de l'alphabet arabe et de certaines des écritures de l'Inde.

Cette invention des sémites du Levant a connu un destin fabuleux sur toute la planète.

Mais, comment est-on passé d'un système consonantique à notre alphabet ? À bien regarder les images n°25 et 27, on voit qu'il nous manque quelque chose, les voyelles !

Si toutes les langues ont besoin des voyelles pour être entendues, on l'a vu, toutes ne les utilisent pas dans leur écriture. Les Phéniciens aussi faisaient de même. Aussi parce qu'il n'y avait que peu d'homophonies, peu de mots ayant un son similaire, donc peu de risque d'erreur de lecture. En revanche chez les Grecs, le rôle des voyelles est essentiel. Une nouvelle fois, le besoin faisait la nécessité. Ils

28

ont gardé les consonnes phéniciennes qui pouvaient correspondre à leur langue. Il fallait trouver des signes nouveaux pour les voyelles. Pour transcrire la première de leur voyelle « alpha », ils empruntèrent au phénicien une consonne qui restait inemployée en lui donnant une autre valeur phonétique, la première aussi, « aleph », la tête de bœuf, pour transcrire le son « A ». Puis vinrent les voyelles *epsilon, omikron, upsilon* et encore après *iota* et *oméga* puis les consonnes *phi, khi* et *psi*.

Les grecs ont aussi inventé les minuscules et, au Vème siècle av.J.C le sens de l'écriture grecque fut fixé définitivement de gauche à droite.

Les Romains ont repris cet alphabet, et ce sens d'écriture, en le transformant. Leur apport le plus important a été de créer l'écriture cursive, celle qui court, à partir des lettres minuscules, permettant ainsi d'écrire rapidement. Ceci étant surtout fonction du support (on imagine la difficulté de graver en vitesse, au fil de la dictée, en cursive sur du marbre).

30-Majuscules romaines

31- Cursives romaines

VERS L'IMPRIMERIE

Il est convenu que l'alphabet romain a suivi les voies empruntées par la christianisation pour se développer. Toutefois, l'écriture était accessible seulement aux lettrés, à quelques nobles ayant eu des précepteurs ainsi qu'aux gens d'Église.

L'empire romain avait besoin de documents écrits, lois, décrets, directives ou cadastre, pour administrer ses territoires conquis ou alliés. S'ils étaient bien présents dans le monde romain, grâce au papyrus importés d'Égypte, la chute de l'empire et de son administration a mis un frein à cette utilisation et à cette diffusion. Le commerce trans-méditerranéen a aussi subi une baisse des échanges et ce papyrus a été remplacé par le parchemin (pour rappel, il est fabriqué à partir de peau d'animal, généralement de mouton). Mais celui-ci étant fort onéreux à produire, son usage était restreint à la stricte nécessité. Il fut lui-même remplacé par le papier, beaucoup plus économique. Ce dernier a été introduit en Europe par la route de la soie, de l'Extrême-Orient en passant par le bassin méditerranéen. Il se retrouve en production dès le début du IXème siècle dans la région de Valence, en Espagne.

Mais le papier a aussi permis un changement notable dans la présentation des documents. Ils étaient principalement présentés sous la forme de « volumen ».

Produit à partir de papyrus ou plus rarement de parchemin, il se présentait sous la forme d'un rouleau, celui-ci prenait beaucoup plus de place qu'un livre. Un des plus célèbres est la Thora.

On estime que « Le Banquet » de Platon devait tenir sur un rouleau de 7 m. Cette présentation en rouleau et donc le fait de dérouler le manuscrit est peut-être la raison pour laquelle on écrit en ligne de gauche à droite, inversement ou alternativement, appelé aussi « boustrophédon ». On peut avoir aussi en tête l'image de sénateurs romains avec ce tube dans les mains. Ce « volumen » a laissé la place au « codex » qui est simplement la forme d'un livre actuel c'est-à-dire un empilement de feuilles reliées. Le changement s'est effectué entre le Ier et IVème siècle.

Sous nos latitudes, il y eut essentiellement trois sortes de graphies utilisées dans les manuscrits :

- l'onciale : utilisée surtout pour l'alphabet latin, elle se développe entre le IIIème et IVème siècle à partir de l'ancienne cursive romaine. C'est essentiellement l'écriture des codex.
- La caroline : elle fait suite à l'onciale à partir du VIIIème siècle. Charlemagne la recommande pour les textes officiels. Transformée et remplacée par la gothique vers le XIIème siècle, elle fut reprise par les humanistes du XVème siècle.
- La gothique : elle apparaît au XIème siècle dans le nord de la France, en Flandre, en Angleterre puis en Allemagne. Elle sera très importante jusqu'à

l'apparition de l'imprimerie.

C'est le papier qui permet l'invention de l'imprimerie en Chine ou plutôt de la xylographie (tailler un morceau de bois en sens inverse, l'encrer puis poser dessus le support d'impression qui apparaît à l'endroit) dès le VIIème siècle. Le procédé arrivera en Europe bien plus tard. La plus ancienne pièce pour xylographie connue est datée entre 1350 et 1470 (le bois Protat, du nom de l'imprimeur qui l'avait en sa possession au XIXème siècle).

C'est Gutenberg qui a grandement favorisé le développement de l'imprimerie. Essentiellement il a mis au point un procédé facilitant l'utilisation des caractères mobiles d'imprimerie. Mais il a aussi perfectionné la presse à imprimer pour rendre le travail plus rapide. Il a travaillé sur un alliage de plomb typographique à fondre et il a ensuite amélioré les qualités de l'encre en la rendant plus épaisse.

Un petit aparté : il ne faut pas confondre la *fonte* (dit ainsi parce qu'il a fallu fondre du métal dans une matrice pour fabriquer la lettre) et la *police* de caractères. La fonte est le type de caractère lui-même, qu'il soit majuscule, minuscule, italique ou gras, la police est l'ensemble de ces caractères.

Pour imprimer, il fallait disposer de fonte de caractères. Les premières ont été gravées en style :

– Gothique : parce que c'était le dessin qui se rapprochait le plus de l'écriture de scribes, celle-ci s'apparentant à la *bâtarde*. Le caractère romain était très peu présent en Allemagne à l'époque de Gutenberg.

- Antiqua : En Italie fut installée la première presse, en 1464, dans le monastère bénédictin de Subiaco dans les Apennins. Il y a été édité un livre de Cicéron en 1465 qui utilisait Antiqua, caractère plus arrondi que le gothique mais aussi plus lisible pour le commun.

- Romain : En 1470 Nicolas Jenson, (1420-1480, Sommevoire en Champagne, Venise) fonda la première société commerciale typographique. La perfection de ses travaux en ont fait « le prince de l'art typographique ». L'apport majeur de Jenson à la typographie est son caractère *romain* qui marque le passage de la calligraphie à la composition typographique, les livres imprimés étant encore un reflet de l'écriture manuelle. Jenson va libérer la minuscule ne conservant que quelques doubles lettres. Il va ainsi unifier la minuscule calligraphique avec la capitale latine, en donnant à la lettre latine le jeu des pleins et des déliés.

En 1448 Gutenberg met au point les outils pour imprimer. Il cède son invention en 1455 à cause de ses dettes. Le premier livre est imprimé en 1451, la grammaire latine de Donatus. Des presses sont installées dans toute l'Europe, dont une à Rome en 1467. En 1500, on estime qu'il y avait 200 ateliers en Allemagne. Mais c'est à Venise, à partir de 1469, que l'imprimerie allait prendre ses caractères de noblesse.

Des personnages connus et moins connus ont travaillé sur le dessin des lettres. Trois sont particulièrement intéressants. Un quatrième fait l'objet d'un chapitre pour lui tout seul.

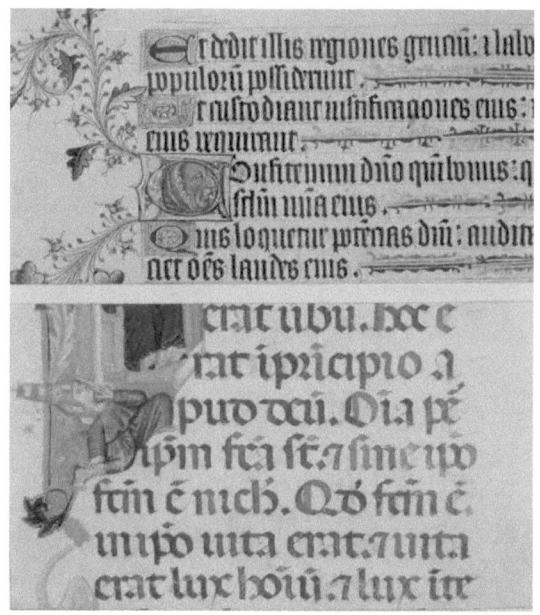

1- Gothique

2- Antiqua à l'intérieur de la gothique

nunciat. Venit nanq; ait & ánunciauit pacé
illis qui prope funt : quæ olim hebræi di⟋
Quidam enim eoꝛ clamāt:recordabuntur
n omnes fines terre:& adorabunt coram eo

3- Romaine de Jenson (minuscules et majuscules)

36

LES GRAVEURS

1) Felice FELICIANO

Il est né en août 1433 à Vérone dans une famille de condition modeste. C'est dans cette ville qu'il commence à travailler dans un atelier voué aux métiers du livre, comme scripteur, avec les fonctions de calligraphe, de copiste et aussi de relieur.

Il rencontre des humanistes, qui influencent sa formation intellectuelle, dont un chercheur passionné d'épigraphies. Il le pousse à voyager en Italie à la recherche d'inscriptions et d'objets antiques. Suite à ses recherches, il compose peu avant 1460 deux recueils d'inscriptions. Celui qui nous intéresse ici est l'*Alphabetum Romanum* (référence : Codex Vaticanus 6852), qui propose une reconstitution de l'alphabet romain et présente des lettres de huit centimètres de hauteur dessinées avec deux sortes d'encres, noire et rouge. Il donne des proportions mais pas la manière de les tracer.

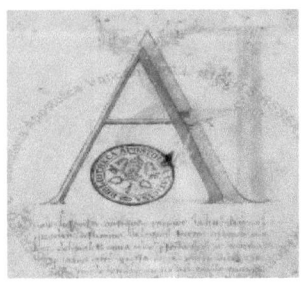

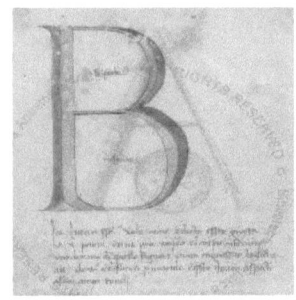

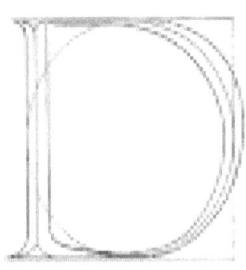

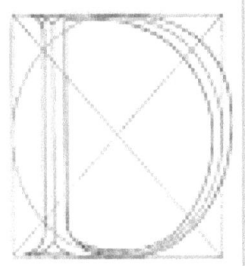

Lettrage de Felice FELICIANO

2) Luca PACIOLI

Luca Bartolomes PACIOLI, dit Luca di Borgo (vers 1447 à Borgo Sansepolcro en Toscane – entre avril et octobre 1517, idem) était un religieux franciscain, mathématicien et théoricien de la comptabilité. Dans ses écrits, il a repris et formaliser ou codifier le principe de la « comptabilité en partie double » qui était utilisé depuis le XIIème siècle. Mais que fait-il dans ce chapitre ?

En tant que vulgarisateur il a écrit un livre, *De Divina Proportione*, alors qu'il résidait à Milan entre 1496 et 1498 puis de nouveau publié à Venise en 1509. La première partie du livre, *Compendio de Divina Proportione*, traite du nombre d'or d'un point de vue mathématique et géométrique. Cette partie est illustrée de planches représentant des polyèdres dues à Léonard de Vinci.

Mais surtout, ce qui nous intéresse ici, l'édition de 1509 comprend une série de modèles pour xylographies représentant 23 lettres majuscules « *exécutées simplement avec la règle et le compas, en utilisant les seules figures du cercle et du rectangle* ».Pour la petite histoire, l'ancien logo du Metropolitan Museum of Art de New-York était tiré de cet alphabet.

Quefta letera A fi caua del rondo e del fuo quadro:la gã
ba da man drita uol effer groffa dele noue parti luna de
lalteza.La gamba feniftra uol effer la mita de la gãba grof
fa.La gamba de mezo uol effer la terza parte de la gamba
groffa.La largheza de dita letera cadauna gamba per me
zo de la crofiera.quella di mezo alquanto piu baffa com
me uedi qui per li diametri fegnati.

Lettrage de Luca PACIOLI

3) Albrecht DÜRER

Né en mai 1471 à Nuremberg, mort en avril 1528 à
Nuremberg aussi. Il est né au moment où l'imprimerie se
développe dans toute l'Europe. Il sera un grand pourvoyeur
de xylographies à imprimer. On connaît sa carrière

artistique en tant que dessinateur, peintre, graveur mais aussi mathématicien. Pour affiner ses connaissances, ses trois principaux voyages l'on amené en Hollande, dans des villes du Saint Empire et en Italie. Pour son œuvre, il a hérité de la tradition septentrionale mais il a fait siennes les avancées des artistes italiens de la Renaissance.

En 1494, il est déjà un artiste reconnu. Il découvre Vitruve par son traité *De Achitectura* et travaille particulièrement les proportions. Lors de ce premier voyage en Italie cette même année, il rencontre Jacopo de BARBARI qui l'initie au rôle des mathématiques dans la perspective et à l'étude des proportions dans le corps humain. Il découvre les travaux de Luca PACIOLI dont on peut penser qu'il s'en est inspiré pour dessiner son alphabet.

Son écrit majeur reste les *Instructions pour la mesure à la règle et au compas*. Dans lequel on trouve les illustrations ci-après.

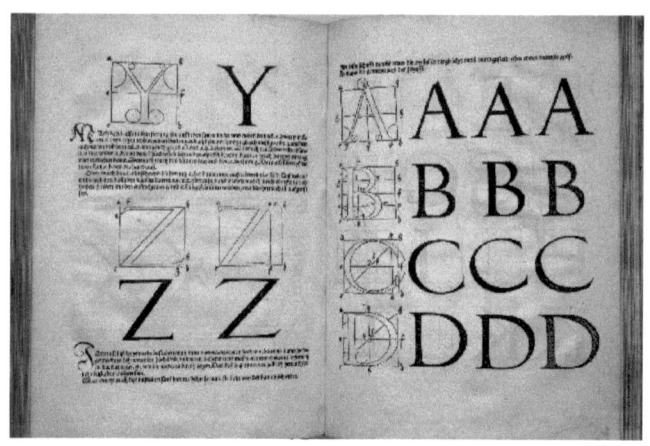

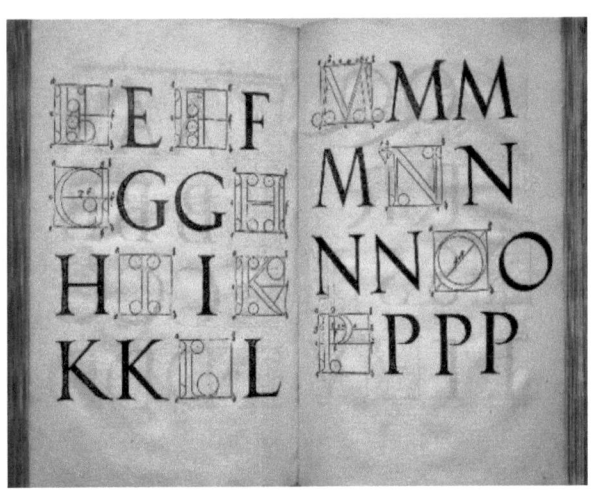

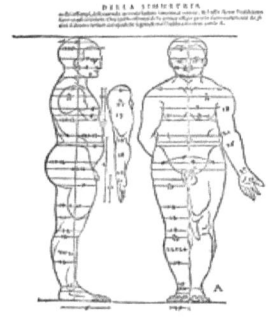

42

4) Francesco TORNIELLO

TORNIELLO est né entre 1488 et 1491 à Barengo, qui faisait partie du duché de Milan. Il mourut en 1589 dans le monastère de Treviglio dans le duché de Milan aussi. Il est issu d'une famille noble de la région. Il a étudié la géométrie et les mathématiques. En 1519, il rejoint l'Ordre des Frères Mineurs en tant que prédicateur.

Les travaux de TORNIELLO se sont concentrés sur l'adoption des inscriptions de l'alphabet latin. Ses œuvres ont été influencées par *La Divina Proportione* de Luca PACIOLI. Ces fontes n'étaient, à l'origine, pas conçues pour être utilisées dans l'imprimerie, mais comme modèle d'inscriptions artistiques. Par la suite, il a conçu une grille 18X18 qui a servi de système de coordonnées de ses polices géométriques pour être utiliser par les presses à imprimer.

Dans son ouvrage « Opera del modo de fare le littere maiuscole antique », *Travail de la façon de faire les lettres majuscules antiques*, imprimé en 1517 à Milan, TORNIELLO enrichit, calligraphiquement et géométriquement, ses fontes préexistantes. Il a également été le premier typographe à définir le point comme unité de mesure en typographie.

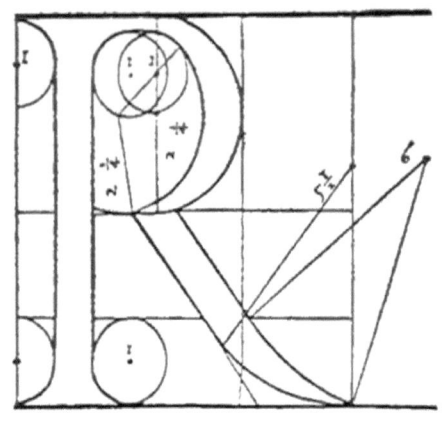

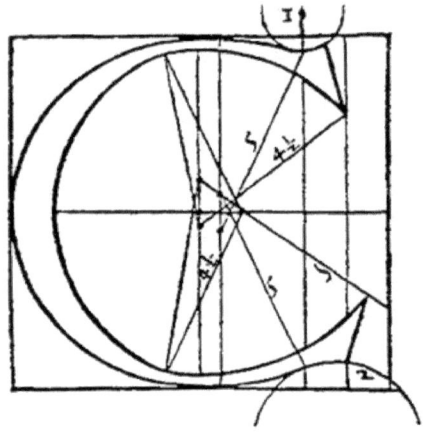

Lettrage de TORNIELO

44

GEOFFROY TORY
Un humaniste français

A) **Présentation**

Au début du XVIème siècle, de nombreux changements sont visibles en France dans l'imprimerie et la culture humaniste, en particulier l'apparition de l'édition savante, ainsi que le renouvellement de l'illustration des livres, de leur présentation et de leur qualité matérielle. Les nécessités des nouvelles techniques ont permis aux imprimeurs de s'écarter de leurs modèles manuscrits et à donner au livre une présentation qui est pratiquement celle que nous connaissons encore aujourd'hui. Cela par plusieurs gestes :

- inventer des caractères nouveaux,
- penser une nouvelle mise en page,
- penser une nouvelle page de titre,
- concevoir une nouvelle relation entre le texte et l'image.

Parmi les éditeurs et imprimeurs humanistes qui ont ce souci d'innover, Geoffroy TORY (vers 1480-1533) occupe une place de choix. Par son œuvre, il est, comme DÜRER, un passeur de la Renaissance italienne. Il incarne avec elle l'héritage antique.

Il esquisse aussi de nouvelles disciplines telle la

grammaire française qui, si elle était connue, n'était pas reconnue intellectuellement au même titre que la grammaire latine. Il s'intéresse aussi à l'histoire littéraire et à la lexicologie (partie de la linguistique consacrée à l'étude des mots).

Sans être le premier à écrire en français, il pense à une codification. Il prend la cédille aux Ibères pour l'utiliser afin de différencier les prononciations. Il invente les accents, des signes diacritiques, que nous utilisons encore sur la lettre « E » pour différencier les prononciations.

Rappelons que l'imprimerie parisienne naît en 1470 à la Sorbonne et que son développement est indissociable du développement de la pensée humaniste.

Son ouvrage majeur, « Champ fleury », publié en 1529, dédié principalement à l'étude des proportions idéales des lettres selon le corps et le visage humains, représente une œuvre charnière dans l'évolution du livre humaniste. Ce livre constitue une somme des traités de proportion et d'esthétique, une référence en matière de théorie et de pratique calligraphiques, tout en professant le culte des « *bonnes lettres* ».

B) **Qui fut Geoffroy TORY ?**

Originaire de Bourges, à l'époque l'un des centres de la culture humaniste, il étudie à la faculté des Arts et termine ses études à l'université de Bologne en Italie. Il exerce divers métiers à Paris à partir de 1506. Il enseigne dans de prestigieux collèges, d'abord au collège du Plessis, ensuite au collège Coqueret, puis au collège de Bourgogne. On a supposé qu'en 1508 il fut correcteur chez Gilles de GOURMONT (Imprimeur et libraire à Paris entre 1499 et 1533), ensuite chez Henri ESTIENNE (Imprimeur à Paris entre 1502 et 1520). Il propose, entre 1508 et 1512, des éditions savantes dont la première sera celle de Pomponius Mela (Géographe romain du Ier siècle).

Entre 1512 et 1522, il se rend de nouveau en Italie pour un séjour prolongé pour enrichir ses connaissances en matière d'imprimerie et afin d'étudier les lettres antiques. Il y apprend le dessin et la gravure. On le retrouve à Milan alors sous domination française. Il est déjà intéressé par les livres, et devient ami de Jean GROLIER, trésorier général de cette ville, ce dernier étant un grand bibliophile, sa collection comportait quelques 3000 volumes. Les deux amis se retrouveront à Paris en 1521.

On est à peu près sûr qu'il fit un séjour important à Venise, ville qui consacra la diffusion de la Renaissance et de l'humanisme naissant grâce à ses libraires et ses imprimeurs. Il approcha certainement Alde MANUCE un imprimeur-libraire italien installé à Venise, qui a joué un rôle fondamental dans la diffusion de la culture humaniste de la Renaissance, il en parle dans un de ses livres. Il connaît aussi le travail de DÜRER et de PACIOLI (la divine proportion), qu'il commente dans « Champ fleury ».

Petit retour en arrière. Nicolas JENSON, en sa qualité de graveur, fut envoyé à Mayence par Charles VII pour étudier l'imprimerie de Gutenberg. Mais il s'installe à

Venise où il conçoit et grave « le plus parfait caractère romain ». En 1480 son fond est acheté par Alde MANUCE qui créera le caractère italique en 1501.

Ces rencontres et voyages ont dû former son goût pour les livres et tout ce qui tourne autour de l'édition comme la typographie, la mise en page, sans parler du contenu.

En février 1524, il reprend l'atelier du libraire Wolfgang HOPYL (Libraire-imprimeur à Paris), situé rue Saint-Jacques, et se fait recevoir libraire. Son adresse jusqu'en 1529 est « *a Paris sus Petit Pont a L'enseigne du Pot Casse* ».

Après la publication du Champ fleury, en 1530, il est nommé imprimeur du roi par François Ier. En 1533, celui-ci impose à l'Université de créer pour Tory une vingt-cinquième charge de libraire-juré, dit ainsi parce qu'il prête serment, il « jure ». Il mène une remarquable activité de traducteur, conscient qu'il est que le grec et le latin ne sont pas accessibles à nombre de gens et qu'il est cependant utile d'instruire les individus moins fortunés. Dans le cadre de son « programme humaniste », il publie des traductions d'auteurs antiques : La table de Cébès et une sélection de Dialogues de Lucien de Samosate en 1529, entre autres.

Imprimeur humaniste audacieux, Geoffroy TORY veut réformer la langue et se prête à une défense exaltée du français, il veut que cette langue soit aussi « *ordonnee et reglee* » que le latin et le grec. L'étude des lettres, sous de multiples facettes, dans Champ fleury constitue le prétexte et le fondement des remarques sur le français et ses variantes dialectales.

Dans cette entreprise de publication, Geoffroy TORY s'associe à Gilles de GOURMONT, le premier à avoir fait paraître à Paris, en 1507, des volumes en grec et, en 1508, à avoir utilisé des caractères hébraïques. Leur collaboration a très bien servi la typographie française.

C) **Contenu de l'ouvrage**

Tout d'abord, il faut expliciter le titre du livre. Champ fleury désigne en ancien français, chez les poètes, « un lieu de joie et de plaisir où règne le dieu d'amour ». Il exprime dans les deux épîtres ses deux principaux soucis : justifier la construction de son livre puis dessiner les lettres selon les règles de la géométrie. Pour lui, comme on va le voir, grammaire, esthétique et présentation graphique sont indissociables.

a) La grammaire, la dialectologie et la prononciation

Dès le début de l'ouvrage, TORY se montre intéressé par toutes les questions de langage et vitupère au passage ceux qui corrompent la langue française: les « *Escumeurs de Latin* ». les « *Plaisanteurs* », les « *Jargonneurs* » et, pires entre tous les « *lnnouateurs et Forgeurs de motz nouueaulx* ». Les exemples de parlers utilisés par ces « *déchiqueteurs de langage*» ont pu être vus comme une des sources du vocabulaire de François RABELAIS. Il se comporte comme un vrai historien de la langue en comparant certains de ses propres mots et expressions avec ceux utilisés par des auteurs avant lui.

Le Premier Livre représente nombre d'histoires et de réflexions diverses qui préoccupent l'auteur, du mythe de Lucien sur l'Hercule gaulois, jusqu'à la nécessité d'un système de règles grammaticales en insérant des observations sur cette même grammaire française ou d'expliquer l'étymologie de certains mots.

Au Second Livre, TORY revient à son exhortation souvent reprise : que les Français utilisent la langue française à la place du latin. Cela fait de TORY un humaniste différents des autres. Il présente ses arguments de la sorte : « *Il me semble soubz correction quil seroit plus beau a vng Francois escripre en francois quen autre langage*». Soit neuf ans avant l'édit de Villers-Cotterêts en 1539 qui impose le français en tant que langue officielle du droit et de l'administration française.

Tout devient prétexte pour soutenir son point de vue. En exposant les voyelles et les consonnes du français ou en constatant que X et Z sont des lettres doubles, elles font doubles emploi, TORY regrette qu'il soit question d'une langue qui ne dispose pas de règles strictes.

Dans le Troisième Livre, en proposant un modèle pour chaque lettre, TORY fait connaître aussi la valeur et la prononciation de la lettre respective en grec, en latin et en français. De plus, les lettres représentent pour lui autant d'occasions de commenter les façons dont le français est parlé dans plusieurs provinces. C'est en présentant les diverses habitudes de s'exprimer qu'il réalise la nécessité d' introduire des accents dans la graphie française (À, È, É) afin de rendre plus correctement la prononciation. Il propose également de remplacer les lettres élidées par une apostrophe, c'est-à-dire « *vng point crochu au dessus du lieu ou elle deburoit estre* ».

Les remarques personnelles de TORY sur les dialectes français et leurs particularités phonétiques représentent une contribution à l'histoire de la dialectologie française et à la chronologie de certains changements phonétiques. « *Les picards [...] pronuncent le G en aucune dictions, comme en lieu de dire. Ma iambe est rompue [...], ilz disent. Ma gambe s'est rompue...* ». Son intérêt était d'arriver à des normes linguistiques, surtout en ce qui concerne les rapports entre la graphie et la prononciation. Au surcroît, par les idées formulées en faveur de l'utilisation du français à l'écrit, il se révèle précurseur et inspirateur de la « *Deffence et illustration de la langue françoyse* ».

TORY n'est pas non plus dénué d'humour et digresse volontiers sur « *l'escriture faicte par images* », en présentant un rébus « *G grand A petit* », signifiant : j'ai grand appétit. Ceci est pour lui loin d'être grossier, comme le pensent certains humanistes, c'est pour lui une « *infusion celeste* » comparable à l'inspiration poétique.

b) La composition des lettres

Un autre but de Geoffroy TORY est d'enseigner aux graveurs et fondeurs de lettres comment concevoir de

51

beaux caractères romains.

Il commence par présenter ses théories sur la composition des lettres attiques (c'est le nom qu'il préfère donner aux lettres nommées vulgairement antiques romaines). Pour lui, la lettre est construite de façon géométrique et comporte une interprétation symbolique sur un fond mythologique.

Du point de vue technique, il applique les règles des proportions idéales du corps humain au dessin des lettres selon le modèle de VITRUVE et de Léonard de VINCI exposé dans le livre de Luca PACIOLI. Il cite bien « La Divine Proportion », mais il ne croit pas que les dessins aient été exécutés par De VINCI lui-même (fig. 1). Ensuite, par un système de correspondances, les différentes lettres sont rapportées aux parties du corps humain (fig. 2).

Un des principes qui régissent le dessin des lettres parfaites est effectivement leur conformité aux proportions du corps humain qui, à son tour, est formé d'après les neuf Muses, et les sept arts libéraux, Apollon chapeautant le tout.

Les arts libéraux : la grammaire, la dialectique, la rhétorique, la géométrie, l'arithmétique, l'astronomie et la musique (fig. 3).

Les muses : Uranie, Calliope, Polymnie, Melpomène, Erato, Terpsichore, Euterpe et Thalia (fig. 4).

Les rapports entre macrocosme et microcosme sont de la sorte transposés en une troisième dimension, celle des lettres. Chacune des lettres l, O, A, H et K est représentée dans un carré où est inscrit l'homme (fig. 5, 6 et 7), figures qui rappellent le célèbre dessin de Léonard de VINCI. TORY considère les lettres I, une ligne droite et O, un cercle, comme le modèle de toutes les lettres, essentielles à leur construction.

O, lettre parfaite parce qu'elle est ronde, englobe les sept arts libéraux sous le patronage d'Apollon et la lettre l, d'où dérivent toutes les autres lettres, représente les neuf Muses. Se fondant, dans la construction des lettres, sur une explication à la fois mythologique et grammaticale, Geoffroy TORY tient à se détacher de ses prédécesseurs, surtout du frère Luca PACIOLI et d'Albrecht DÜRER, dont il critique la composition des caractères basée uniquement sur des règles mathématiques.

Pour sa part, TORY dépasse la vision géométrique sur la lettre de ses prédécesseurs et contemporains afin de l'inscrire dans une vision culturelle plus large, qui englobe philosophie, esthétique et symbolique (les termes employés dans la fig. 8 n'avaient pas encore la valeur symbolique qu'ils peuvent avoir maintenant), où les règles des proportions constituent le fondement du monde et de l'art en tant qu'imitation de la nature.

Selon lui, dessiner les lettres correctement est une vraie science, et la science demande soit de l'inspiration divine, soit de l'étude laborieuse. Puisque les Muses étaient censées apporter de la Science, leurs noms seront inclus dans le corps des lettres. De la même façon, TORY pensait que les caractères sont harmonieux à condition qu'ils contiennent les traces des sept arts libéraux ou des neuf Muses. C'est à travers l'allégorie de la lettre Z qu'il illustre ce principe (fig. 9). Le dessin du Z, dernière lettre de l'alphabet, montre les proportions idéales de cette lettre qui contient en soi la perfection. En imaginant le sens moral de la figuration du Z, Tory interprète les marches comme la voie d'accès à la béatitude pour ceux qui connaissent les lettres, les arts et les sciences.

Les vingt-trois lettres qui composaient l'alphabet à cette époque sont construites avec une exactitude mathématique. Le principe suivi témoigne de l'esprit de la Renaissance : « *en toutes choses ou il ny a deue proportion, qui consiste soubz Compas & Reigle, Il ny a ordre ne raison* ».

En guise de conclusion de son livre, TORY manifeste sa satisfaction d'être le premier auteur moderne à avoir traité du secret antique de la composition des lettres parfaites. En annexe, Geoffroy TORY ajoute le dessin de différents alphabets, dont un utopique, repris à Thomas MORE (fig. 10) et un fantastique (fig. 11).

Mais aussi Geoffroy TORY a suscité un bouleversement des rapports entre l'illustration et le texte, car il est devenu possible, dans l'imprimerie, de placer des images aux endroits désirés. En faisant appel à la gravure sur bois, des images ont pu être placées au centre d'une page, le texte constituant ainsi une sorte de commentaire de celles-ci. Les illustrations servent également à rythmer le texte. Le travail des graphistes s'en inspire encore de nos jours.

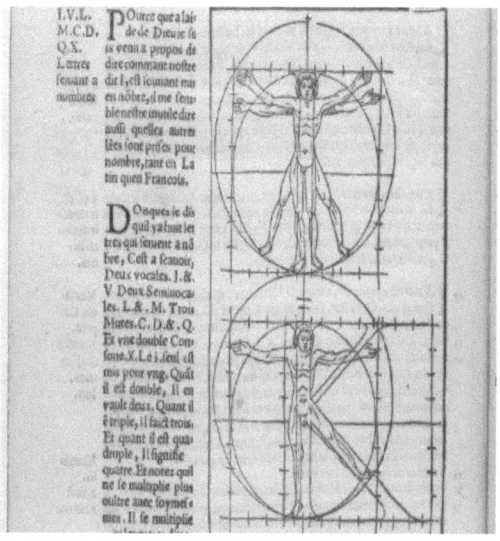

1) La divine proportion de G. TORY

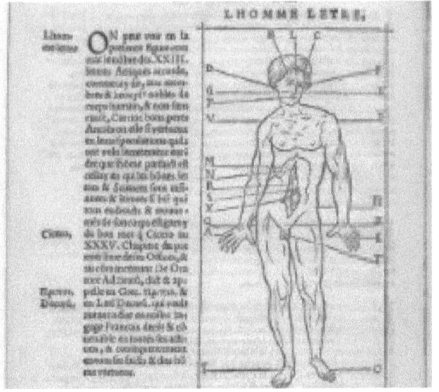

2) Lettres dans le corps humain.

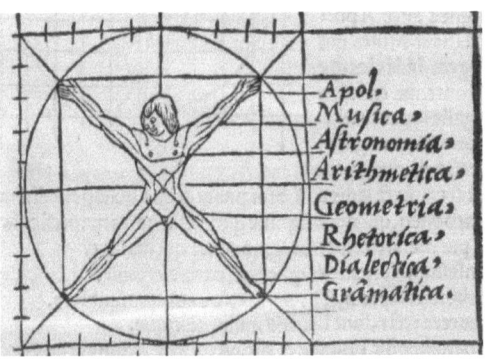

3) les arts libératoires

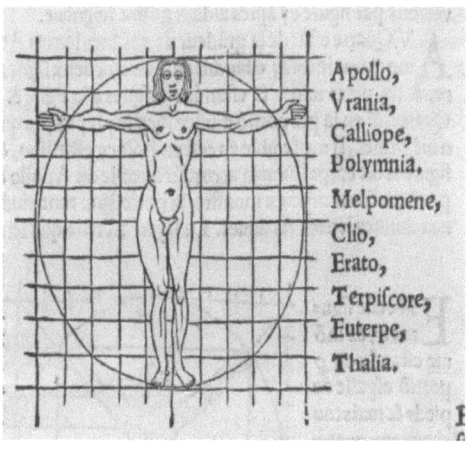

Apollo,
Vrania,
Calliope,
Polymnia,
Melpomene,
Clio,
Erato,
Terpiscore,
Euterpe,
Thalia.

4) Les muses

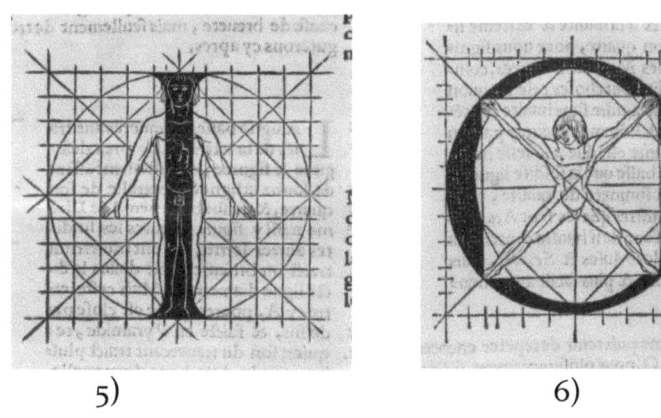

5)   6)

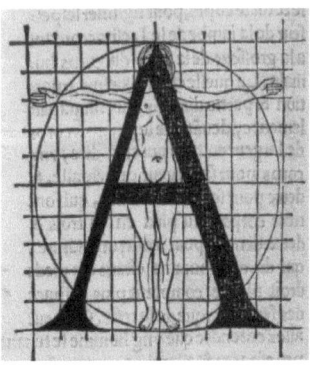

7) L'homme dans une lettre

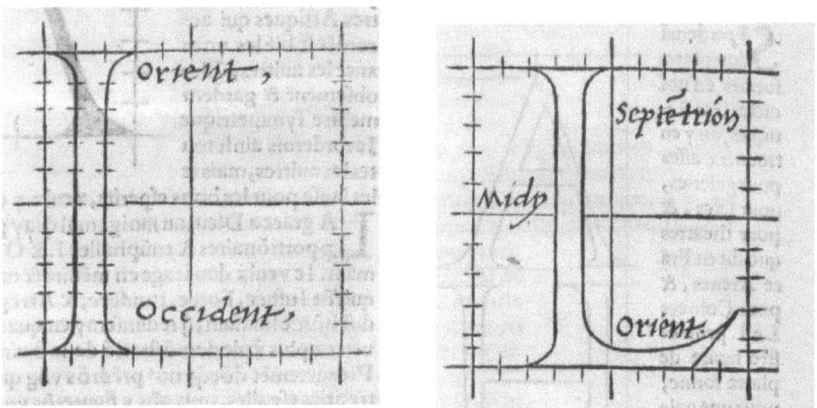

8) De la symbolique maçonnique (avant la lettre) dans les lettres

9) Allégorie du Z

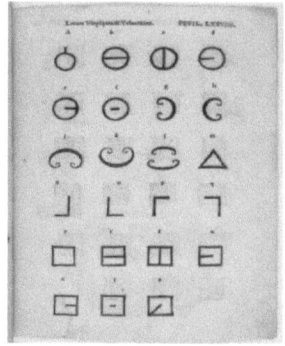

10) alphabet utopique

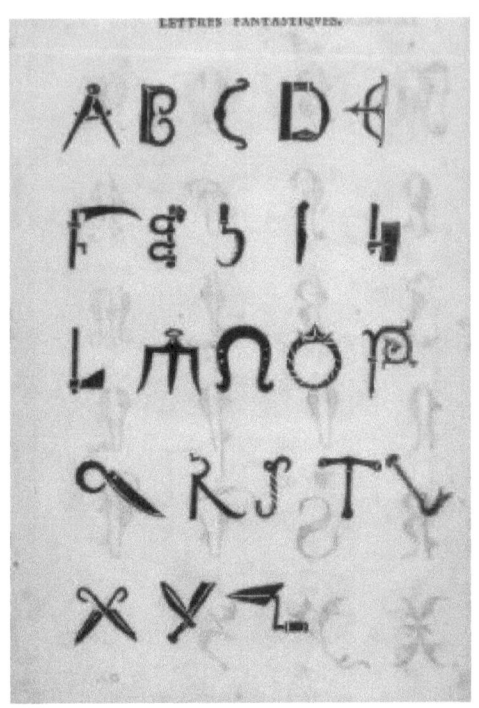

11) Alphabet fantastique

(Dans lequel il est amusant de trouver un compas comme première lettre et une truelle comme dernière)

TORY citant PACIOLI, DE VINCI et DURER dans « Champfleury », le second livre feuillet XIII :

« *Frère Lucas Pacioli du Bourg fainct fepulchre, de lorde des freres mineurs et Theologien qui a faict en vulgar Italien vng liure intitule, Diuina proportione, & qui a volu figure lesdictes lettres Attiques, nen a point auffi parle, ne baille raifon : & ie ne mem efbahis point car iay entendu par aulcuns Italiens quil a defrobe fefdictes lettres, & prinfes de feu Meffire Leonard Vince, qui eft trefpaffe a Amboife, & eftoit trefexellêt philofophe & admirable painctre, & quafi vng aultre Archimedes. Ce dict frere Lucas a faict imprimer fes lettres Attiques comme fiennes. De vray, elles peuuent bien etre a luy, car il ne les a pas faictes en leur deue proportion, comme le monftray cy apres au genc defdictes lettres. Sigifmûde Fante noble Ferrarien, qui enfeigne efcripre maintes fortes lettres, nêbaille auffi point de raifon. Pareillement, ne faict Meffere Ludouico Vincêrino. Ie ne fcay fi Albert Durer en baille bonne raifon, mais touteffois fi a il erre en la deue proportiô des figures de beaucoup de lettres fon liure de Perspectiue.* »

Ceci se lisant comme cela :

« *Frère Lucas Pacioli du Bourg* saint sépulcre, *de* l'ordre *des frères mineurs et Théologien qui a* fait en vulgaire *Italien* un livre *intitulé, Diuina proportione, & qui a* voulu *figuré* les dites *lettres Attiques,* n'en *a point* aussi *parlé, ne baille* raison : *&* je ne m'en ébahis *point car* j'ai *entendu par* aucun *Italiens qu'il a* dérobé ses dites *lettres, &* prince *de feu* Messire *Leonard Vince, qui* est trépassé à Amboise, *&* était *très excellent philosophe & admirable* peintre, *&* quasi un autre Archimède. *Ce* dit frère *Lucas a* fait *imprimer* ses *lettres Attiques comme* siennes. *De* vrai, *elles* peuvent *bien être à* lui, *car il ne les a pas* faites *en leur* due *proportion, comme le* montrait ci après aux gens desdites *lettres.* Sigismunde *Fante noble Ferrarien, qui* enseigne écrire *maintes fortes lettres,* n'embaille aussi *point de* raison. *Pareillement, ne* fait Messire Ludovico Vincenrino. Je ne sais si *Albert Durer en baille bonne* raison, *mais* toutefois si *a il erre en la* due proportion *des figures de beaucoup de lettres* son livre de Perspective. »

UNE SYMBOLIQUE DES LETTRES
Selon Geoffroy TORY

La lettre comme symbole

Dans *Champ fleury*, il entend justifier le tracé des lettres « *attiques* » par des arguments symboliques. Après avoir inscrit les lettres dans un quadrillage de dix cases (et non neuf comme celui de la divine proportion) pour montrer « *que les neufs muses et Apollo qui faict le dixiesme sont celebrez [...] par bonnes lettres* », TORY donne une valeur allégorique aux caractères romains. Deux lettres permettent, selon lui, de construire toutes les autres, le I et le O. Il commence par les associer aux grandes représentations antiques de la connaissance, à savoir : Apollon, les neufs muses et les sept arts libéraux.

Les arts libéraux : la grammaire, la dialectique, la rhétorique, la géométrie, l'arithmétique, l'astronomie et la musique.

Les muses :

1. Calliope, la belle voix, représente la poésie épique et aussi la rhétorique, elle tient souvent une tablette d'écriture et un stylet,
2. Clio, la célèbre représente et glorifie l'histoire, elle a un parchemin dans la main,
3. Érató, l'aimée représente le chant,

63

4. Euterpe, la bien-plaisante représente la poésie lyrique,
5. Melpomène, représente la tragédie,
6. Polymnie, celle aux nombreux hymnes aux dieux et aux héros,
7. Terpsichore, se délecte de la danse,
8. Thalie, l'abondante qui représente la comédie,
9. Uranie, la céleste représente l'astronomie.

Donc, dans les dix cases de la longueur du I s'insèrent Apollon et les muses et les huit cases de l'intérieur du O correspondent à Apollon et aux arts libéraux.

Tory associe la forme du I à la flûte à sept trous évoquée par Corydon, le berger musicien dans les bucoliques de VIRGILE. Cette lecture symbolique du poème est une nouvelle façon de rapprocher la lettre des représentations du savoir.

En superposant le dessin des caractères romains à celui du corps humain, en une divine proportion qui lui est propre, TORY tire une autre signification symbolique des combinaisons entre le corps et la lettre. Le fait que la barre horizontale du A dissimule le sexe signifie pour lui que *« pudicite et chastete [...] sont requises en ceulx qui demandent acces et entrée aux bonnes lettres »*.

Bien que totalement arbitraire, cette analogie a une raison. Elle convertit les lettres en images mentales, les transformant en supports graphiques d'injonctions morales. Appelant, ici, à célébrer la pudeur en raison de la place de sa barre horizontale, le A majuscule est autant une lettre qu'un rappel constant à la vertu. La norme topographique se transpose en norme morale.

Le I n'est pas en reste, celui-ci passe par la verticale du nez : « *assiz entre les deux yeulx nous signifie que nous doibvons avoir le visage esleve envers le ciel pour recognoistre nostre createur.* »

L'exemple du Y

TORY expose la tradition pythagoricienne faisant des deux branches du Y une image du choix entre le bien et le mal. Tandis que la branche de gauche symbolise par sa largeur la facilité de la « *voie de la volupté* », celle de droite symbolise par son étroitesse l'exigence de la « *voie de la vertu* ». la forme de la lettre est encore une fois une visée morale.

Une guirlande décorative suspend aux branches de la lettre des objets symboliques. Tandis que les dangers de la volupté sont imagés par le sabre, le fouet, les fagots (du bûcher) et les flammes (de l'enfer), les bienfaits de la vertu sont figurés par la couronne de lauriers, la palme (des martyrs), le livre, le sceptre et la couronne royale. La lettre est transformée en véritable arbre de noël allégorique.

Mais encore, la signification morale des deux branches est aussi exprimée par des scènes figuratives associant des éléments pittoresques aux animaux allégoriques du premier chant de l'*enfer* de DANTE. À gauche le personnage gravit aisément un escalier plein de promesses sans se douter que ce chemin le conduise au bûcher infernal. À droite, un autre personnage n'hésite pas à affronter les animaux dantesques pour atteindre la gloire et la vertu. Répondant aux diagonales du Y le pied se montre comme un véritable piédestal. En esquissant un paysage dans une lettre, Tory invente avec une certaine originalité une zone graphique intermédiaire entre typographie, support mnémotechnique et figuration. Et la mise en page prolonge l'invention visuelle. Elle devient une œuvre d'art.

Le O récapitulatif

« *L'ordonnance generalle et tresbelle en conclusion* » récapitule autour de la lettre O l'ensemble des éléments évoqués depuis le début du livre :

- la chaîne d'or,

- les vingt-trois lettres de l'alphabet latin,

- les vingt-trois figures symbolisant les humanités, autrement dit les neufs muses, les sept arts libéraux, les quatre vertus cardinales et les trois grâces. Cela destiné à montrer la vocation scientifique et morale des lettres.

Le dessin transforme ce O en soleil avec le nom des figures mythologiques en guise de rayon. Plus que la perfection des lettres, l'image glorifie l'intensité de l'inspiration divine qui le anime et sans lesquelles elles ne sont rien : « *Apollo, cest a dire [...] le Soleil, ou si vous voules myeulx dire, dictez, [...] nostre vray Dieu et createur qui est le vray Soleil...* ». L'invention visuelle apparaît comme une expression spirituelle.

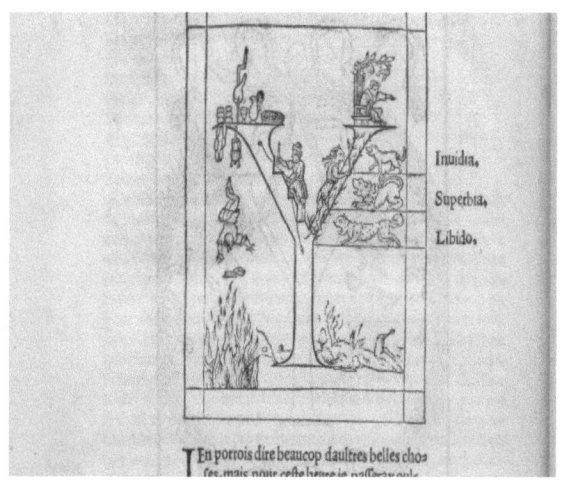

Ordōnā
ce gene=
rallé, &
tresbelle
en con=
clusion.

EN la prochaine
figure iay deli=
gne & constitue le.
O. en son quatre &
superfice equilate=
ral selon sa deue pro=
portiō de dix corps
de haulteur & dix
autres de largeur di=
uises entre vnze li=
gnes tant dun coste
que dautre, Cest a
dire est de haulteur
que de largeur, com
me on peut facile=
ment cognoistre a
loeuil & au cōpas,
pour monstrer les
cord des dix.XX=
III.chainnons aux
XXIII.lettres que
iay escriptes dedās
les rayōs du Soleil,
chacune apres soy
lune apres laultre
au droit dun chascō
chaynō, & par de=
hors entre lesdirs ra=
yons du Soleil, Iey
escript aussi & loge
les neuf Muses, les
sept Ars liberaulx,
les quatre vert* Car

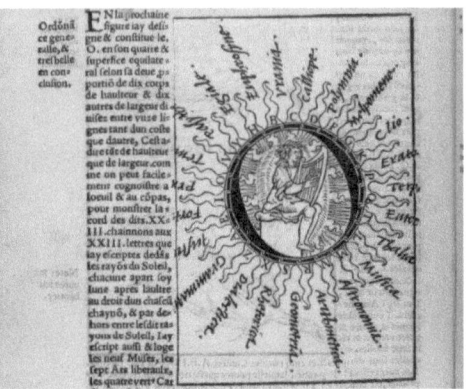

ON peult veoir en la figure cy pres
faicte & designee le diuin acord
oftre l'ē proportiōnaire a la Chai=
ōr homerique. & cōmant ie lay pro
iōnee en sorte & raison quil ya iu=
ent dix chainons & boucles acor=
aux dix corps de la haulteur dudict
pareillemēt aux neuf Muses & leur
llo, ǧ iay piecza cy deffus figurez
donnez ensemble. La raison pour=
ien ay plustoft assigne dix que pl°
oings,est clerement dicte, mais da
age ie treue que noz bons Peres
iens ont volu entēdre consommee
tiere perfection au nōbre dixiesme
ndu quil est nombre Per, compose
ōbre Per/& Imper. Martianus Ca
en son. VII. liure ou il parle De
ade, nous en est bō resmoing quāt

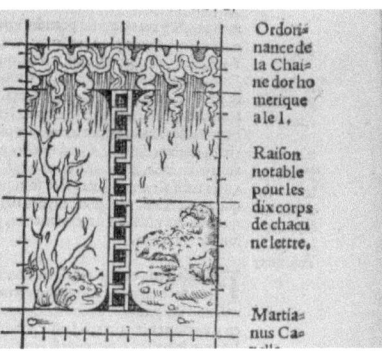

Ordōn=
nance de
la Chai=
ne dor ho
merique
a le I.

Raison
notable
pour les
dix corps
de chacu
ne lettre,

Martia=
nus Ca=

Lettres Attiques, pour estre entie=
rement ordōnes & faictes, requie
rēr pat Iustice,lobseruatiō de la haul=
teur & largeur delles selon leur facon.
Par Prudence, reigle & compas. Par
Force, cōtinuelle & obstinee perseue
rance a les diuiser, mesurer & deumēt
pportiōner.Par Atrēpence,certaine
discretiō a les asseoir etre deux lignes
principalles equidistātes , & a les y lo
ger en deue espace pres ou loing lnne
de laultre, selō qui leur appartiēdra.
COnsiderez en la dicte figure diui=
see en quatre parties, cōmāt la
face humaine accorde a la diuision,
et la diuision a icelle. La prunelle de
loeuil assize sus la ligne centrique &
diamerralle, nous monstre ce que iay dict cy deffus, que toute lettre ayant bri=
seure, la doibt auoir assi= z s vs la dicte li

Iustice.

Prudence.

Force.

Atrempence.

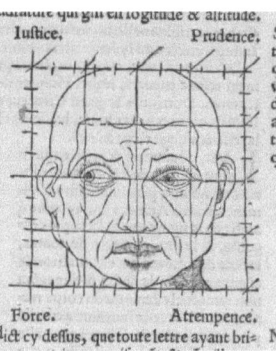

Significa=
tion des
quatre
vert* car=
dinales,
auec ler=
tres Atti=
ques,

Notable

COMMENT TRACER UN « A »
À LA RÈGLE ET AU COMPAS

Il faudra se munir d'une règle d'un compas et d'une feuille, sinon c'est très compliqué. Pour les habitués de la géométrie tout sera plus facile.

1) Tracer au bas d'une feuille un trait d'une vingtaine de cm. À partir du centre vous mesurerez de chaque côté 5 cm pour avoir une droite de 10 cm. Noter les points 0 et 10. Nous aurons besoin de ce qui dépasse, avant le 0 et après le 10 pour placer le compas.

2) De chaque côté de ces deux points (0 et 10) mesurer et placer une marque à 3 ou 4 cm selon la qualité de votre compas.

3) Sur ces marques placer la pointe du compas et prendre l'autre marque pour l'écartement.

4) À partir de ces marques tracer un arc de cercle au dessus de la droite. Il doit donc y en avoir 4. Deux se croiseront au-dessus des points 0 et 10.

5) Tracer un trait vertical de 10 cm qui part de 0 et qui passe par le croisement des arcs de cercles. Recommencer avec le point 10

6) Finir le carré en reliant les deux nouvelles droites.

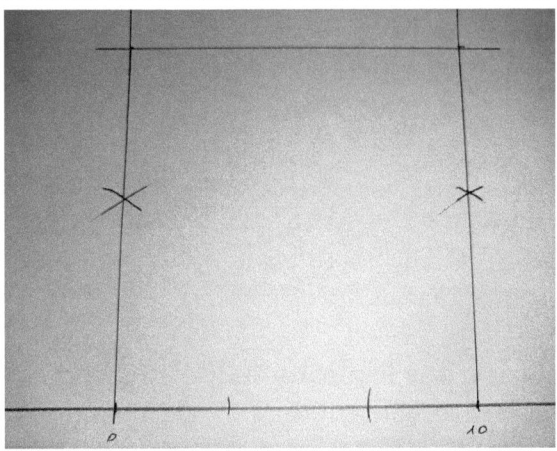

7) Prendre les mesures sur le bords du carré tous les centimètres. Je les ai toutes tracées mais quatre horizontales seulement sont nécessaires : a, b, e et i. Attention, la b doit légèrement dépasser.
Vous pouvez ne tracer que les verticales 2, 3, 4 et 7.

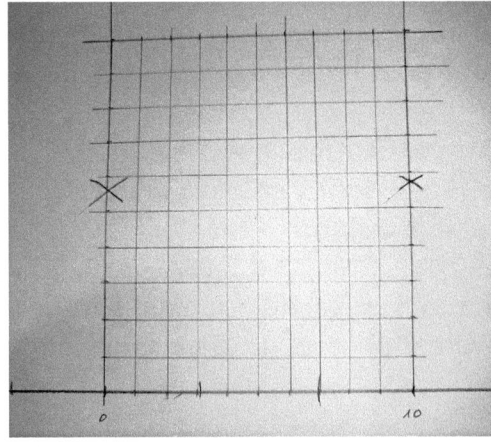

8) placer le compas, écartement 1cm, aux points (a, 3), (a, 6 1/2) et (j, 4) puis tracer un quart de cercle dans le bon sens.

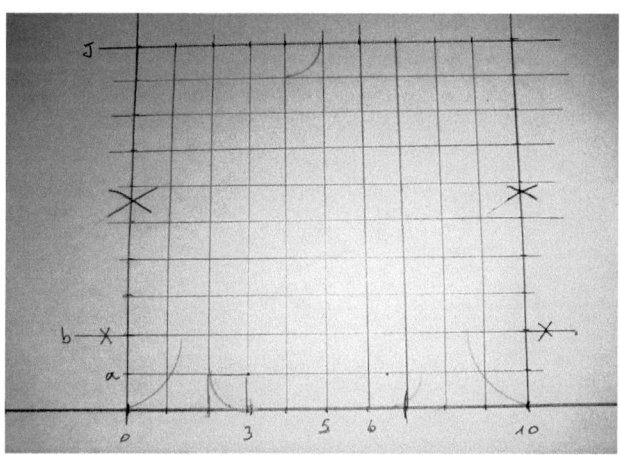

9) Placer le compas à l'extérieur du carré sur la ligne b à ½ cm, pointer la mine sur le coin du carré au point o puis tracer. Recommencer de l'autre côté au point 10.

10) Relier les portions de cercles en veillant que les deux traits formant les jambes du A soient parallèles.
La droite intérieure de la jambe fine du A relie (a, 2) à (j, 5) ; celle de la jambe épaisse relie (a, 7 ½) à (j, 4)

11) Finir en traçant la barre centrale du A.

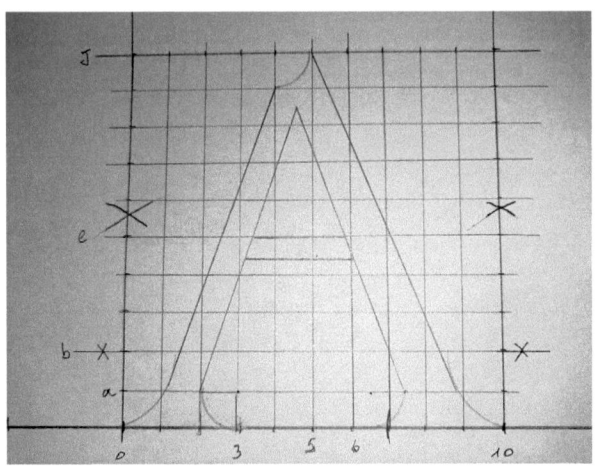

Et voilà, vous savez dessiner un A comme Geoffroy TORY.

Dessin original dans « Champ Fleury »

L A lettre A, cy pres deux fois defignee en fon Quarre, & faicte de le I. feul lement, eft auffi large que haulte, Ceft a fcauoir de dix corps de largeur, & dix aultres de haulteur, contenus entre les vnze lignes tant perpendiculaires que trauerfantes. A la bien faire, font requis cinq tours de Compas, pour lef=

Tel fi- quelz faire iay figne les lieux & centres de tel figne.✛.ou le pied Centrique du
gne✛, Compas veult eftre affis pour faire fa circüference. Oultre ce, notez que ie fais
eft pour auffi icelluy figne✛.hors du Quarre fus la ligne perpédiculaire & mediane de
affeoir le lafpiration H . de le I . de le O . de le S . de le X . & du . Z . non pour y affeoir
pied cen- le pied dudict Compas, mais pour monftrer que ceft lendroit du fummit dicel=
trique du les dictes lettres qui font quafi femblables en pied & en tefte. Touteffois, il y a
Compas et doibt auoir differéce, excepte en le O .qui eft tout vniforme en exterieufe cir=
cunference. A .eft en figure pyramidale & triangulaire enfuyuant raifon natu=
A .eft en relle. Nous voyons que chofes edifiees en Pointe, font plus conftantes & dura
forme de bles que celles qui font auffi larges en hault quen bas. Daultre part A . eft aucu
Côpas. nement en forme de Compas. Les deux pattes reprefentent les deux pieds, &
la fümite eft pour la tefte. Le trauerfant traict dudict A. nous fignifie vne reigle
en fegrete demôftration que a bien faire & defigner lettres Attiques, le Côpas
et la Reigle y font neceffairement requis. Oultre plus A . a les iambes elargies
et epattees, comme vng homme a fes pieds & iambes en marchant & paffant
Martia- oultre: pour nous fignifier fegretement que de luy qui eft le premier en lordre
nus Ca- abecedaire, fault proceder au B .au C .& a toutes les aultres lettres felon leur di
pella. fpofition & ordre. A .veult eftre pronunce apertement, & comme iay cy deffuf
Mention dict, ou eft allegue Martianus Capella. Sub hiatu oris côgruo folo fpiritu. La
des Ita- quelle chofe les Italiens obferuent trefbien, tant en Latin quen leur vulgaire,
liens. au quel la plufpart de leurs dictions eft terminee en A . Comme quât ilz difent
Mention vna charta, vna bella dona, mya forella, & daultres vng millier. A la caufe de
des Da- quoy, pour la frequentation des dicts Italiens, qui eft aux ferez & bancquez de
mes de Lion, les dames Lionnoifes pronuncent gracieufement fouuent A . pour E.
Lion. quant elles difent. Choma vous choma chat affeta. & mille aultres motz fem=
Mention blables, que ie laiffe pour breuete. Au contraire les Dames de Paris, en lieu de
des Da- A pronuncent E.bien fouuent, quant elles difent. Mon mery eft a la porte de
mes de Peris, ou il fe faict peier. En lieu de dire. Mon mary eft a la porte de Paris ou il
Paris. fe faict paier. Telle maniere de parler vient dacouftumence de ieuneffe.

74

UNE AUTRE SYMBOLIQUE DES LETTRES
(qui m'est propre)

Car, au fond, qu'est-ce que le symbolisme ? Ce n'est que le fait de proposer une corrélation mentale avec un phénomène observable et cette observation elle-même. Cela pour certains va être extrapoler pour dériver vers une croyance. Trop de symbolisme, vouloir le chercher dans toute chose ou vouloir l'imposer en tant que vérité ne peut qu'être nuisible à celui-ci. Il est une affaire personnelle, même si d'autres personnes s'y retrouve. Tout ce que l'on voit ne mérite pas forcément d'interprétation. Néanmoins, il peut s'avérer utile de calquer des histoires sur nos histoires. Celle-ci permettent de raconter et de se projeter vers un autre réel et, ainsi, ouvrir la voie de l'esprit à une dimension différente.

Comme tout symbole, il y a une attache physique qui relie l'image à l'imagination et à la pensée. La lettre, dans notre alphabet, est à l'origine un logogramme, et les transformations successives, conséquences de son évolution, ont pu nous faire oublier, sans qu'il disparaisse totalement, cet héritage.

Il est donc tout naturel que l'interprétation symbolique soit en prise directe avec la signification originale. On l'a vu, les dessins représentaient des objets ou des animaux peuplant le quotidien de l'époque.

Leurs valeurs symboliques ne vient pas de nulle part ni du cerveau fécond d'un mage autoproclamé. Passez-moi l'expression : ici la symbolique est bien réelle.

Le cas du A

Au cours de l'histoire, Aleph (la tête de taureau) a subit des rotations successives de 90°, le support d'écriture pouvant se trouver en différentes positions qui ne correspondaient pas au sens de la lecture. Les cornes sont d'abord pointées vers le haut puis vers la gauche (ou vers la droite en cursive grecque) et enfin vers le bas. Cette dernière représentation s'affranchit du dessin original. De la bête fondamentalement utile, mais inutilisée en tant que graphie, on passe de la première lettre de l'alphabet au premier des êtres, l'Homme. On peut voir dans ces renversements une symbolique de celui-ci avec le monde qui l'entoure. Les cornes faisant offices d'antennes, ou de membres, tournées vers le monde extérieur comme pour en capter les énergies et l'information.

- Les cornes vers le haut comme une dimension transcendante de la situation de l'homme dans son monde, puisant ses forces dans l'infini cosmique, dans le créateur, dans les puissances célestes. Un rapport vertical, théologique.

- Les cornes sur le côté, la droite ou la gauche, change la dimension du rapport au monde. On passe du théologique à l'anthropologique. L'homme se reconnecte à son niveau d'homme, avec ses semblables, dans une relation sociale et éthique. Il puise sa force dans ce qu'il est, et il la rend.

- Enfin le dernier renversement propose une dimension tellurique. L'homme est ici le terrien. L'énergie et la force viennent de l'intérieur, des profondeurs. Les cornes deviennent les jambes sur lesquelles il trouve la stabilité au contact du sol et de la terre ferme.

Une trilogie : métaphysique-anthropologique-tellurique que l'on retrouve dans les positions de l'équerre et du compas aux différents grades, sur le livre de la loi sacré ainsi que sur le point centre.

Le A c'est l'énergie primordiale, la force, l'être, l'être humain, l'être vivant, l'homme, la possibilité, le changement. Sa valeur numérique est 1.

Le cas du B

À l'origine le B, Beth, était le lieu de vie et de repos, représenté par la tente du nomade, aussi entendu comme le foyer ou la maison. Plusieurs inscription le notait par un carré avec un point au milieu, comme le symbole des loges, le L en alphabet maçonnique.

Sa symbolique raconte son histoire : plan d'habitation, grande pièce avec ou sans foyer, plus une porte ouvrant sur l'extérieur. Ici pas de dimension transcendante, on est sur terre, protégé. C'est une ouverture vers les lettres à venir, vers le futur ou l'étranger, le voyageur, le visiteur qui peut se présenter à tout moment en frappant à cette porte.

Mais c'est aussi l'intériorité, le retour vers le centre, vers ce qui nous a vu grandir, un/le repère. On revient vers l'énergie primordiale, le centre de vie, la *domus*, la loge mère.

Ses autres sens pourraient être : le dedans, l'intime, le nourricier, l'abri, le primordial, la voûte (céleste ou protectrice ?) mais aussi le foyer en tant que vie de famille. Sa valeur numérique est 2.

Le cas du C et du G

En linguistique, le C et le G sont très proche. Leur histoire les entremêle. Nous nous attacherons ici à l'originelle troisième lettre de l'alphabet, *Guimel,* plus en rapport avec nos valeurs.

Guimel donc, le chameau, bête de somme sûrement, élément essentiel de ces contrées en ces temps anciens. Tout y est bon, peau, viande, lait. Son importance est grande. Sans lui pas de travail, pas de vie.

Symboliquement, après l'homme en tant qu'homme et son foyer primordial, il lui faut sortir afin de porter et confronter sa force mais aussi et surtout son esprit avec l'autre pour conforter sa place dans l'univers. Il se doit de voyager à l'extérieur, physiquement pour asseoir son psychisme. Voyager pour se réaliser. Le chameau représente l'outil de cette réalisation. Il permet l'aller mais aussi le retour. Il exprime ce qui fait du lien, ce qui met en relation les fondamentaux de l'existence, il est le passeur et l'instrument de ce passage, le pont.

Partir c'est aussi une rupture de la continuité et de son confort. Le lien se distant avec ce qui faisait notre vie, avec aussi ce qu'on pense de soi. La rupture pour mieux se porter vers les autres, qu'ils deviennent un bout de soi par l'expérience. Faire le bien et le rendre.

Guimel c'est aussi :

– mûrir, sevrer, faire mûrir.

– Se libérer, rompre avec l'avant.

Sa valeur numérique est 3.

Après la force d'origine (aleph) et la place qui lui a été faite dans le foyer (beth), il faut donner la possibilité à cette force de s'exprimer, de sortir, de se déployer, d'aller au-delà d'elle même, de s'ouvrir sur l'extérieur, s'ouvrir aux autres, de traverser les étendues arides et désertiques (le voyage peut être long et difficile) pour découvrir d'autres contrées, d'autres personnes, afin de trouver son propre chemin. *Tel est le programme du compagnon exprimé par la lettre G que nous avons vu et que maintenant nous connaissons.*

Le cas du J

À l'origine, le Yod désigne la main. Mais ici c'est plus l'origine égyptienne de la main qui nous intéresse. Dans les hiéroglyphes, ils utilisaient la main en y ajoutant un élément afin de lui donner une signification différente. Ainsi pour le don, un objet était mis dans la main. Celle-ci tournée vers le bas signifiait l'action de cesser. Pour prier, deux mains étaient tendues vers le ciel, etc.

La symbolique qui en découle concernera le fait de donner ou de recevoir. Mais la main est aussi un instrument de communication puissant par les signes qu'elle peut manifester. Elle est une reconnaissance.

Les sens dérivés se concentre dans l'action : démontrer, commander, manifester, montrer, imposer et même bénir.

De plus, dans cette recherche « d'Aleph à A », on peut trouver l'Histoire, une histoire, des époques, des voyages, des interrogations et, plus ou moins, des réponses.

« Tempus fugit », nous ne sommes que la résultante du temps qui passe. L'histoire nous marque et nous pouvons la trouver et la comprendre dans tout. Il n'y a pas de générations spontanées. Rien n'est créé ex-nihilo et le compagnon devra comprendre l'histoire de ces outils pour progresser. Après l'obscurité du rôle de l'apprenti il va voyager pour une nouvelle naissance à la connaissance du métier.

Après la primo instruction chez lui, dans son atelier, il prendra le bâton à la main, il partira, fera des rencontres, continuera d'étudier, s'imprégnera des autres pour revenir chaque fois plus fort dans son atelier, son/sa « Beth ». il y travaillera à la règle et au compas son chef d'œuvre.

EN GUISE DE CONCLUSION
Quelques réflexions au-delà du sujet

J'avais pensé, au départ de ce travail, que je trouverai un ésotérisme profond et fastidieux dans le tracé des lettres, que leurs dessinateurs auraient caché quelques secrets accessibles aux seuls initiés, une géométrie cosmique, un nombre d'or. Mais las, il n'en a rien été. Pourtant j'ai bien cherché. Et si quelqu'un a trouvé une signification c'est que son imagination lui aura permis de fabriquer et même de se fabriquer ces secrets.

DÜRER lui-même, cher au nombre d'or justement, n'a pas jugé bon de le faire apparaître dans son alphabet. Et Luca PACIOLI, pourtant auteur de « La Divine Proportion », qui pourrait aussi faire état de ces calculs, n'en fait pas usage. Pour Geoffroy TORY aussi, cette divine proportion n'est que le rappel de l'origine divine de l'Homme, dans la perfection de ses dimensions. Il le rappelle très clairement dans son alphabet. Mais celui-ci témoigne qu'il est une invention humaine (d'inspiration divine pour nos auteurs).

On ne peut pas être déçu par l'invalidation de cette proposition (trouver une mystique dans le tracé des lettres). On doit même en être rassuré. En effet, l'Homme est plus simple qu'il n'y paraît. Il n'y a pas obligatoirement et forcément un ésotérisme caché qu'il faudrait chercher pour trouver la vérité.

Toutefois, le nombre d'or existe réellement. Il est quelquefois proposé par la nature mais il n'est pas systématique, il n'est pas obligatoire. Même sans lui, il y a toutefois certaines exigences quant au travail sur la recherche de la beauté. Il n'est donc pas un invariant ontologique de la perception de cette beauté. Néanmoins, tout ceci est intéressant à étudier car cela permet de travailler et de réfléchir.

Que peut-on trouver à cette étude ? D'abord l'Histoire puis une histoire, une époque, un homme, des hommes, un voyage (fut-il imaginaire ou en partie immobile pour la part de recherche).

Ici, tel le compagnon dans un atelier, tous les personnages cités ont voyagé. Ils ont pris leur bâtons, leurs connaissances et leurs idées puis ils les ont confrontés à une autre réalité. Le voyageur s'imprégnera des autres pour enfin revenir dans son pays, sa *domus*, sa loge, afin de travailler à la règle et au compas et enfin produire son chef-d'œuvre. N'est-ce pas ce que l'on nous demande dans notre cursus ?

Car enfin, si le voyage est en lui-même une fin, il faut en examiner les modalités pour que celui-ci soit profitable. Il faut une bonne dose de volonté pour partir physiquement et psychiquement en laissant ses préjugés derrière soi. Pour trouver la vérité, si possible ?

Idéalement elle doit être objective, permanente,

impersonnelle et universelle. Alors que pour chacun de nous c'est une réalité culturelle, temporelle, personnelle et partielle. Cela doit-il nous empêcher de la rechercher alors qu'elle est par définition impossible à trouver ? Même si elle est inaccessible, comme la cible dans le paradoxe de Zénon, il nous restera toujours un bout de chemin à entreprendre pour s'en approcher.

De plus, cette vérité ne concerne pas que les idées, elle porte aussi sur les objets, sur la réalité visible et palpable. Mais cette réalité peut être trompeuse car elle s'adresse en particulier à nos sens et ceux-ci ne reflètent que nous même. Elle n'est qu'une option de la perception individuelle.

Enfin, le but de cette recherche de la vérité-réalité n'est pas de convaincre mais d'informer pour laisser un choix éclairé. Et être libre de ses choix. La recherche de la vérité, c'est trouver la **liberté**.

Source Gallica.fr pour :

Pacioli « compendio de divina propostione »

Durer « instructions pour la mesure à la règle et au compas »

Tory « Champ Fleury »

Photos et illustrations de l'auteur et Pinterest.

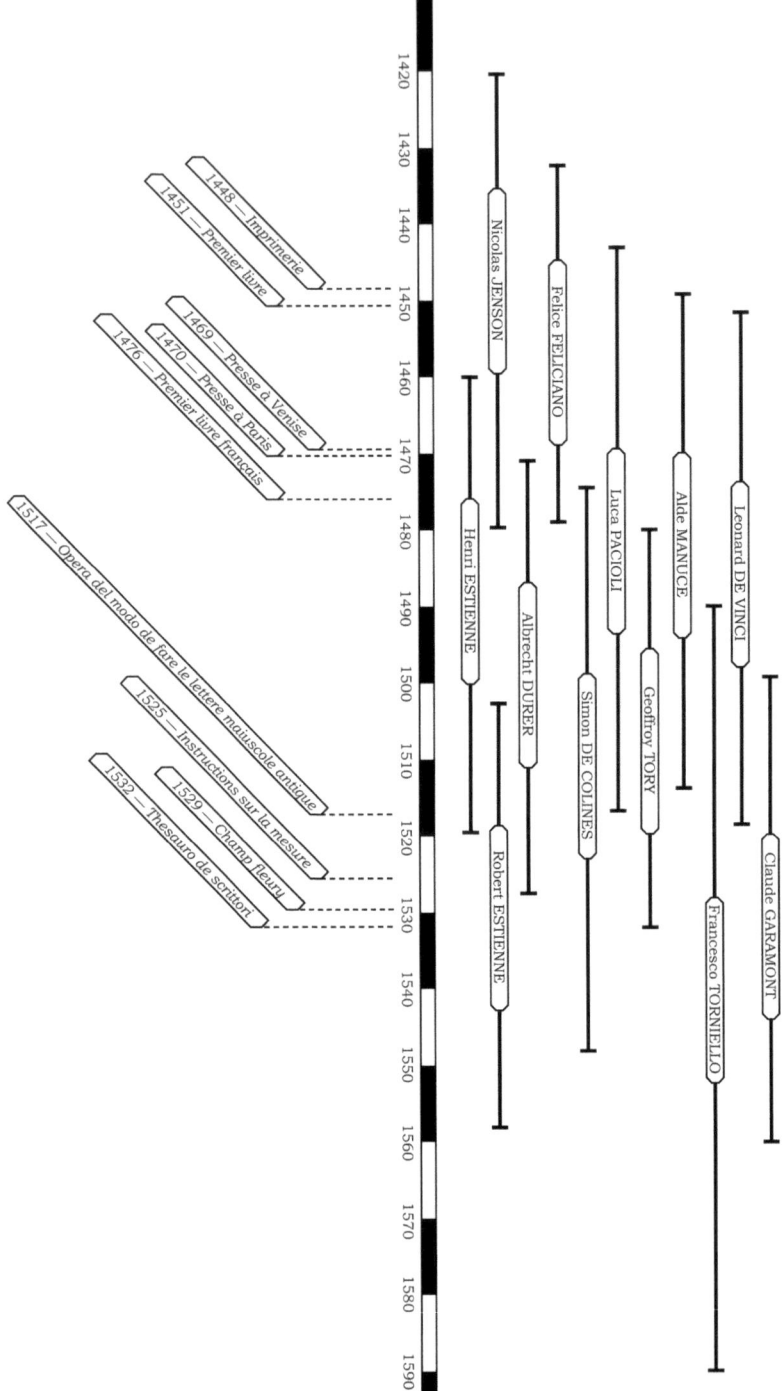